핵심편

생생!
성경그리기

KB203422

'생생! 성경그리기'를 통해 로고스(Logos) 곧 객관적인 말씀이 레마 (Rhema) 곧 주관적인 '나의 말씀'이 되는 것을 경험하게 될 것입니다.

많은 성도들이 살아계신 하나님의 말씀인 성경을 암송하고 싶어 하지만, 마음대로 되지 않는다고 말합니다. 그들을 어떻게 하면 도울 수 있을까 하는 마음에서 성경을 그리고 싶다는 열망이 생겼습니다. 이 열망을 하나님께서 '생생! 성경그리기'로 만들어 주셨습니다. 유대인이 세계를 지배하는 것은 말씀을 '중얼중얼'하는 힘입니다. 이것이 모토(motto)가 되어 '생생! 성경그리기'가 탄생했습니다.

'생생! 성경그리기'는 먼저 성경의 주제를 정하고, 성경의 주소를 그리고, 성경 핵심 구절의 뼈대를 세웁니다. 그래서 성경의 주제와 성경의 주소와 성경 핵심 구절을 하나로 묶습니다. 그리고 이 말씀을 '중얼중얼'하면, 성경이 그려집니다.

'생생! 성경그리기' 책은 핵심편, 실천편, 심화편, 3권으로 구성되었습니다. '생생! 성경그리기' 1권인 핵심편은 예수 그리스도와 교회와 하나님 나라로 연결되는 성경 전체를 하나의 그림으로 그려주고, '생생! 성경그리기'를 해야 하는 이유를 밝혀 주어, 말씀의 능력을 경험하게 될 것입니다. '생생! 성경그리기' 2권인 실천편은 우리가 겪는 수많은 문제 속에서 그것을 해결할 능력의 말씀들로 구성하였습니다. 예배할 때, 찬송하는 이유, 기도하는 이유, 고난이 올 때, 욕심이 올라올 때 등, 생활에서 적용할 수 있도록 해 줍니다. '생생! 성경그리기' 3권인 심화편은 성경의 주제와 주소를 일치시켜서 창세기부터 요한계시록까지 그릴 수 있도록 도와 줄 것입니다.

하나님이 우리에게 말씀하시면, 성령의 역사로 혼돈과 공허와 흑암과 같은 복잡한 인생이 새롭게 됩니다. 그래서 '생생! 성경그리기' 책은 성령이 역사해야 빛이 납니다. 성경은 성령의 감동으로 기록되었기 때문입니다.

그러므로 성령의 역사가 있는 성경그리기가 되도록 기도하십시오. 그리하면 '생생! 성경그리기' 책을 한 장, 한 장, 넘길 때마다 성령의 능력으로 성경이 그려질 것입니다.

'생생! 성경그리기' 책이 출간된 것은 첫째는 하나님의 은혜요. 둘째는 그동안 기도해 주신 모든 분들의 사랑입니다.

특별히 물질로 헌신해 주신 윤정자 권사님, 봉미경 집사님, 임덕화 권사님, 양은선 집사님께 감사드리며, 성경 전체의 그림을 그려 주신 정은심 집사님에게도 감사를 드립니다. 우리가 잊을 수 없는 1907년 평양 대부흥은 말씀의 부흥이었습니다. 다시 한번 한국교회에 말씀이 흥왕하여 가는 역사가 일어나기를 소망합니다.

이 책을 소개받은 모든 분들이 '생생! 성경그리기'를 통해, 말씀이 그려지는 기적을 경험하고, 하나님을 기억하는 '묵상하는 예배자'가 되시기를 축복합니다.

정문석 목사

목 차

1. 창조주 하나님과 사람의 관계 ················· **6**

2. 성경 전체 그리기 (고후10:4-6, 요일5:4-8, 계11:15) ········· **7**

3. 예수 그리스도는 누구인가? (요10:11, 요14:6, 요11:25-26) ····· **12**

4. 교회는 무엇인가? (마16:18, 사56:7, 고전3:16-17) ········· **17**

5. 하나님 나라는 무엇인가? (롬14:17, 눅17:21, 고전4:20) ······· **22**

6. 둘로 하나를 만드사 (엡2:14, 눅2:14, 딛2:14) ··········· **27**

7. 성경그리기를 하는 이유 (시119:97, 시119:11, 신30:14) ······ **32**

8. 성경은 무엇인가? (요5:39, 딤후3:16-17, 벧후1:20-21) ······· **37**

9. 성경은 무엇을 말하는가? (롬1:20, 요3:16, 롬4:3) ········· **42**

10. 모든 사람이 알아야할 성경 (딤후3:15, 전12:1, 행17:11) ····· **47**

11. 말씀의 능력 (시19:7, 시19:8, 시19:9) ·············· **52**

12. 성경의 3대 법칙 (마8:13, 마16:27, 갈6:7) ············ **57**

13. 삼위일체 하나님 (출3:14, 요1:14, 요14:26) ··········· **62**

14. 믿을만한 증거 부활 (막16:9, 마28:6, 행17:31) ········· **67**

15. 복음은 무엇인가? (롬1:2-4, 고전15:3-4, 롬1:17) ········· **72**

16. 예수 믿어야 하는 이유 (롬3:23, 롬6:23, 롬10:9-10) ·········· **77**

17. 예수 믿는다는 진정한 의미 (마16:16, 마16:24, 갈2:20) ········ **82**

18. 그리스도 예수 안에서 (롬8:1-2, 요15:5, 롬12:5) ·········· **87**

19. 나의 정체성 (요1:12, 야2:10, 딤후4:7-8) ·········· **92**

20. 회개 & 나를 찾아서 (시51:17, 롬7:24-25, 시51:10-11) ········ **97**

21. 인생의 3대 문제 (창1:2, 마11:28, 롬8:26) ·········· **102**

22. 우리의 목표는 화평이다 (마5:9, 롬12:18, 히12:14) ········ **107**

23. 하나님의 소원 (딤전2:4, 엡4:3, 살전4:3) ·········· **112**

24. 감동과 감격과 감사 (창1:28, 마26:28, 시136;1) ········ **117**

25. 전도방법 (행1:4, 행1:8, 고전2:4-5) ·········· **122**

26. 생활에 밀접한 전도 메세지 (롬11:36, 민32:23, 전12:7) ······ **127**

27. 생각을 잘하라 (삿21:25, 잠4:23, 빌4:6-7) ·········· **132**

28. 판단과 결정과 책임 (히4:12-13, 마26:39, 수1:9) ········ **137**

29. 예수 그리스도의 사역 (막2:17, 마11:28-29, 마9:35-36) ······ **142**

부록 : 성경 전체 그림 (예수 그리스도와 교회와 하나님 나라)

❶ 창조주 하나님과 사람의 관계

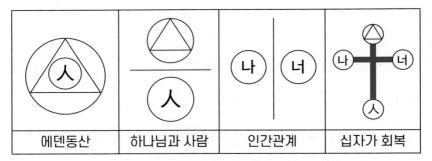

에덴동산	하나님과 사람	인간관계	십자가 회복

• 큰 원은 하나님, 작은 원은 사람, 삼각형은 삼위일체 하나님, 사람인은 사람.

♣ 성경은 창조, 타락, 심판, 구원이라는 구속사가 흐르는 대하드라마이다. 창조주 하나님은 말씀으로 세상을 창조하시고, 그 중심에 사람을 만드셨다. 하나님은 사람을 에덴동산에 두시고, 그곳에서 자신과 관계를 맺으며, 살기를 원하셨다. 그리고 하나님은 그 관계의 상징인 '선악을 알게 하는 나무의 열매를 먹지 말라'고 명령하셨다. 그런데 최초의 사람인 아담과 하와는 사탄의 유혹을 받고 '선악을 알게 하는 나무'의 열매를 따 먹고, 하나님과 관계가 깨졌다. 그 결과, 아담과 하와는 하나님과 분리되었고, 아담과 하와 사이도 막히게 되었다. 그러므로 이 세상에 모든 문제의 시작은 죄의 결과이다(롬 6:23). 이 죄의 문제를 해결하러 오신 분이 바로 예수 그리스도이다. 예수 그리스도는 하나님과 우리 사이에 막힌 담을 십자가로 무너뜨리셨다(엡 2:14). 그러므로 십자가는 사통팔달이다. 십자가는 하늘의 문을 여는 열쇠요, 나와 너를 연결하는 다리이다. 그러므로 예수 그리스도를 믿어야 하나님과 관계가 회복된다. "일의 결국을 다 들었으니 하나님을 경외하고 그의 명령들을 지킬지어다 이것이 모든 사람의 본분이니라" (전도서 12:13)

❷ 성경 전체 그리기 (두 기둥 & 예수그리스도 · 교회) / 주소 그리기

고린도후서 10:4-6 / 한(1) 영(0)혼 사(4)랑 교육(6)
요한일서 5:4-8 / 오(5) 사(4)랑 팔(8)팔하게
요한계시록 11:15 / 일(1)생일(1)대 일(1)이오(5)

한마디로 정리하면
'한 영혼 사랑 교육은 오! 사랑 팔팔하게, 일생일대 일이오'

예수 그리스도
(고후 10:4-6)

하나님 나라
(계 11:15)

교 회
(요일 5:4-8)

주소 그리기

_____

_____

_____

우리의 싸우는 무기는 / 육신에 속한 것이 아니요 / 오직 어떤 견고한 진도 무너뜨리는 / 하나님의 능력이라 / 모든 이론을 무너뜨리며 / 하나님 아는 것을 대적하여 / 높아진 것을 다 무너뜨리고 / 모든 생각을 사로잡아 / 그리스도에게 복종하게 하니 / 너희의 복종이 온전하게 될 때에 / 모든 복종하지 않는 것을 / 벌하려고 준비하는 중에 있노라 (고린도후서 10:4-6)

우리의 싸우는
무기는 육신에 속한
것이 아니요 오직
어떤 견고한 …

모든 이론을
무너뜨리며 하나님
아는 것을 대적하여
높아진 것을 …

모든 생각을
사로잡아
그리스도에게
복종하게 하니 …

말씀 그리기

_____

_____

_____

무릇 / 하나님께로부터 난 자마다 / 세상을 이기느니라 / 세상을 이기는 승리는 이것이니 / 우리의 믿음이니라 / 예수께서 하나님의 아들이심을 / 믿는 자가 아니면 / 세상을 이기는 자가 누구냐 / 이는 물과 피로 임하신 이시니 / 곧 예수 그리스도시라 / 물로만 아니요 / 물과 피로 임하셨고 / 증언하는 이는 성령이시니 / 성령은 진리니라 / 증언하는 이가 셋이니 / 성령과 물과 피라 / 또한 이 셋은 / 합하여 하나이니라 (요한일서 5:4-8)

무릇 하나님께로
부터 난 자마다
세상을 이기느니라
세상을 …

예수께서
하나님의 아들이심을
믿는 자가 아니면
세상을 …

증언하는 이는
성령이시니 성령은
진리니라 증언하는
이가 셋이니 …

말씀 그리기

_____

_____

_____

일곱째 천사가 나팔을 불매 / 하늘에 큰 음성들이 나서 이르되 / 세상 나라가 / 우리 주와 그의 그리스도의 나라가 되어 / 그가 세세토록 왕 노릇 하시리로다 하니 (요한계시록 11:15)

일곱째 천사가 나팔을 불매 하늘에서 큰 음성이 나서 이르되

세상 나라가 우리 주와 그의 그리스도의 나라가 되어

그가 세세토록 왕 노릇 하시리로다 하니

말씀 그리기

_____

_____

_____

예수 그리스도

우리의 싸우는
무기는 육신에
속한 것이
아니요 …
(고후10:4-6)

일곱째 천사가
나팔을 불매 …
(계 11:15)

교 회

무릇
하나님께로부터
난 자마다 세상을
이기느니라 …
(요일5:4-8)

2 성경 전체 그리기 & 성경의 두 기둥은 예수 그리스도와 교회이다.

그러므로 예수 그리스도를 통해 교회를 세워가는 것이 하나님 나라이다.

① 성경은 모든 생각을 사로잡아 그리스도에게 복종하게 한다.

② 성경은 물과 피와 성령의 역사가 있는 교회이다.

③ 성경은 예수 그리스도가 왕이 되는 하나님 나라이다.

3 예수 그리스도는 누구인가? / 주소 그리기

요한복음 10:11 / 일(1)생 영(0)원한(1) 일(1)
요한복음 14:6 / 일(1)생 사(4)랑 교육(6)
요한복음 11:25-26 / 일(1)생일(1)대 일이(2)오(5)유(6)

한마디로 정리하면
'일생 영원한 일은 일생 사랑 교육과 일생일대 일이오유'

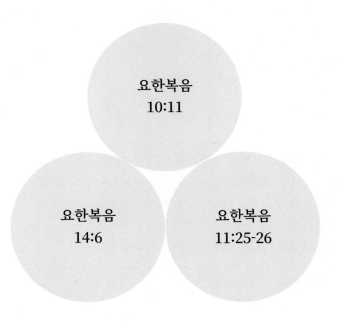

주소 그리기

_____

_____

_____

나는 선한 목자라 / 선한 목자는 양들을 위하여 / 목숨을 버리거니와
(요한복음 10:11)

나는 선한 목자라

선한 목자는
양들을 위하여

목숨을 버리거니와

말씀 그리기

_____

_____

_____

예수께서 이르시되 / 내가 곧 길이요 진리요 생명이니 / 나로 말미암지
않고는 / 아버지께로 올 자가 없느니라 (요한복음 14:6)

예수께서 이르시되
내가 곧 길이요
진리요 생명이니

나로 말미암지
않고는

아버지께로
올 자가 없느니라

말씀 그리기

_____

_____

_____

예수께서 이르시되 / 나는 부활이요 생명이니 / 나를 믿는 자는 죽어도 살겠고 / 무릇 살아서 나를 믿는 자는 / 영원히 죽지 아니하리니 / 이것을 네가 믿느냐 (요한복음 11:25-26)

예수께서
이르시되
나는 부활이요
생명이니

나를 믿는 자는
죽어도 살겠고
무릇 살아서
나를 믿는 자는

영원히 죽지
아니하리니 이것을
네가 믿느냐

말씀 그리기

_____

_____

_____

나는 선한 목자라
선한 목자는
양들을 위하여 …
(요10:11)

예수께서
이르시되 내가
곧 길이요 …
(요14:6)

예수께서
이르시되
나는 부활이요 …
(요11:25-26)

3 예수 그리스도는 누구인가?

① 나는 선한 목자다.　② 나는 길이요 진리요 생명이다.
③ 나는 부활이요 생명이다.

_____

_____

_____

_____

_____

4 교회는 무엇인가? / 주소 그리기

마태복음 16:18 / 일(1)생 교육(6) 일(1)생 팔(8)팔하게
이사야 56:7 / 오(5)늘 교육(6) 친(7)밀
고린도전서 3:16-17 / 삶(3)의 일(1)치 교육(6) 친(7)밀

한마디로 정리하면
'일생 교육 일생 팔팔하게, 오늘 교육 친밀과 삶의 일치 교육 친밀이다'

마태복음
16:18

이사야
56:7

고린도전서
3:16-17

주소 그리기

_____

_____

_____

또 내가 네게 이르노니 / 너는 베드로라 / 내가 이 반석 위에 / 내 교회를
세우리니 / 음부의 권세가 이기지 못하리라 (마태복음16:18)

또 내가 네게
이르노니 너는
베드로라

내가 이 반석
위에 내 교회를
세우리니

음부의 권세가
이기지 못하리라

말씀 그리기

_____

_____

_____

내가 곧 그들을 / 나의 성산으로 인도하여 / 기도하는 내 집에서 / 그들을
기쁘게 할 것이며 / 그들의 번제와 희생을 / 나의 제단에서 기꺼이 받게
되리니 / 이는 / 내 집은 만민이 기도하는 집이라 / 일컬음이 될 것임이라
(이사야 56:7)

내가 곧 그들을
나의 성산으로
인도하여 기도하는
내 집에서

그들을 기쁘게
할 것이며 그들의
번제와 희생을
나의 제단에서 …

이는
내 집은 만민이
기도하는 집이라
일컬음이 될
것임이라

말씀 그리기

_____

_____

_____

너희는 너희가 하나님의 성전인 것과 / 하나님의 성령이 / 너희 안에 계시는 것을 알지 못하느냐 / 누구든지 하나님의 성전을 더럽히면 / 하나님이 그 사람을 멸하시리라 / 하나님의 성전은 거룩하니 / 너희도 그러하니라 (고린도전서 3:16-17)

너희는 너희가 하나님의 성전인 것과 하나님의 성령이 …

누구든지 하나님의 성전을 더럽히면 하나님이 …

하나님의 성전은 거룩하니 너희도 그러하니라

말씀 그리기

_____

_____

_____

또 내가 네게
이르노니 너는
베드로라 …
(마16:18)

내가 곧 그들을
나의 성산으로
인도하여 …
(사56:7)

너희는 너희가
하나님의 성전인
것과 하나님의 …
(고전3:16-17)

4 **교회는 무엇인가?**

① 교회는 주님이 세우셨다. ② 교회는 만민이 기도하는 집이다.
③ 교회는 성령이 계신 곳이다.

_____

_____

_____

_____

_____

5 하나님 나라는 무엇인가? / 주소 그리기

로마서 14:17 / 일(1)생 사(4)랑 일(1)생 친(7)밀
누가복음 17:21 / 일(1)생 친(7)밀 둘(2)이 하나(1)
고린도전서 4:20 / 사(4)랑 둘(2)이 영(0)원하다

한마디로 정리하면
'일생 사랑 일생 친밀은 일생 친밀 둘이 하나로 사랑 둘이 영원하다'

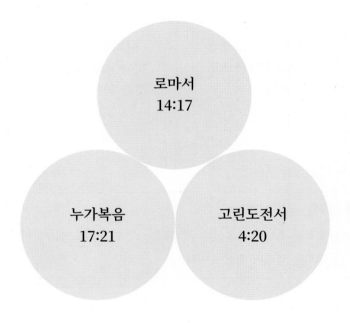

로마서
14:17

누가복음
17:21

고린도전서
4:20

주소 그리기

_____

_____

_____

하나님의 나라는 / 먹는 것과 마시는 것이 아니요 / 오직 성령 안에 있는 /
의와 평강과 희락이라 (로마서 14:17)

하나님의 나라는
먹는 것과 마시는
것이 아니요

오직 성령 안에
있는

의와 평강과
희락이라

말씀 그리기

_____

_____

_____

또 여기 있다 / 저기 있다고도 못하리니 / 하나님의 나라는 / 너희 안에 있느니라 (누가복음 17:21)

또 여기 있다
저기 있다고도
못하리니

하나님의 나라는

너희 안에
있느니라

말씀 그리기

_____

_____

_____

하나님의 나라는 / 말에 있지 아니하고 / 오직 능력에 있음이라
(고린도전서 4:20)

하나님의 나라는

말에 있지
아니하고

오직 능력에
있음이라

말씀 그리기

_____

_____

_____

하나님의 나라는
먹는 것과 마시는
것이 아니요 …
(롬14:17)

또 여기 있다
저기 있다고도
못하리니 …
(눅17:21)

하나님의 나라는
말에 있지 아니하고
오직 능력에 …
(고전4:20)

5 **하나님 나라는 무엇인가?**

① 하나님의 나라는 의와 평강과 희락이다.

② 하나님 나라는 우리 안에 있다.

③ 하나님의 나라는 말에 있지 않고, 오직 능력에 있다.

6 둘로 하나를 만드사 (십자가 ✝) / 주소 그리기

에베소서 2:14 / 둘(2)로 하나(1)를 만드사(4)
누가복음 2:14 / 둘(2)로 하나(1)를 만드사(4)
디도서 2:14 / 둘(2)로 하나(1)를 만드사(4)

한마디로 정리하면
'둘로 하나를 만드사' (엡2:14, 눅2:14, 딛2:14)

에베소서
2:14

누가복음
2:14

디도서
2:14

주소 그리기

_____

_____

_____

그는 우리의 화평이신지라 / 둘로 하나를 만드사 / 원수 된 것 / 곧 중간
에 막힌 담을 / 자기 육체로 허시고 (에베소서 2:14)

그는 우리의
화평이신지라

둘로 하나를
만드사 원수된 것

곧 중간에 막힌
담을 자기 육체로
허시고

말씀 그리기

_____

_____

_____

지극히 높은 곳에서는 / 하나님께 영광이요 / 땅에서는 / 하나님이 기뻐
하신 / 사람들 중에 평화로다 하니라 (누가복음 2:14)

지극히 높은
곳에서는

하나님께 영광이요
땅에서는
하나님이 기뻐하신

사람들 중에
평화로다 하니라

말씀 그리기

_____

_____

_____

그가 우리를 대신하여 자신을 주심은 / 모든 불법에서 우리를 속량하시고 /
우리를 깨끗하게 하사 / 선한 일을 열심히 하는 / 자기 백성이 되게 하려
하심이라 (디도서 2:14)

그가 우리를
대신하여 자신을
주심은

모든 불법에서
우리를 속량하시고
우리를 깨끗하게
하사

선한 일을 열심히
하는 자기 백성이
되게 하려 하심이라

말씀 그리기

_____

_____

_____

그는 우리의
화평이신지라
둘로 하나를 …
(엡2:14)

지극히 높은
곳에서는 하나님께
영광이요 …
(눅2:14)

그가 우리를
대신하여 자신을
주심은 …
(딛2:14)

6 둘로 하나를 만드사 (십자가 ✝) & 생생! 성경그리기 배경의 말씀

① 십자가는 우리의 화평이다.

② 십자가는 하나님께 영광이요 사람들에게는 평화이다.

③ 십자가는 선한 일을 열심히 하는 자기 백성을 만든다.

_____

_____

_____

_____

_____

７ 성경그리기를 하는 이유 / 주소 그리기

시편 119:97 / 일(1)일(1)이 구(9)구(9)절(7)절이 옳은 말씀
시편 119:11 / 일(1)생일(1)대 구(9)원(1)의 일(1)
신명기 30:14 / 세(3) 가지, 영(0)혼을 위하여, 일사(14)천리로

한마디로 정리하면
'일일이 구구절절이 옳은 말씀은 일생일대 구원의 일과 세 가지, 영혼을 위하여
일사천리로 실천하자'

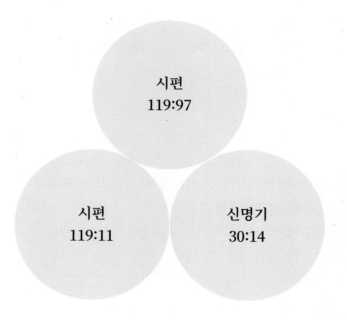

시편
119:97

시편
119:11

신명기
30:14

주소 그리기

_____

_____

_____

내가 주의 법을 / 어찌 그리 사랑하는지요 / 내가 그것을 / 종일 작은 소리로 읊조리나이다 (시편 119:97)

내가 주의 법을
어찌 그리
사랑하는지요

내가 그것을

종일 작은 소리로
읊조리나이다

말씀 그리기

_____

_____

_____

내가 주께 / 범죄하지 아니하려 하여 / 주의 말씀을 / 내 마음에 두었나이다
(시편 119:11)

내가 주께 범죄하지
아니하려 하여

주의 말씀을

내 마음에
두었나이다

말씀 그리기

_____

_____

_____

오직 그 말씀이 / 네게 매우 가까워서 / 네 입에 있으며 / 네 마음에 있은즉 /
네가 이를 행할 수 있느니라 (신명기 30:14)

오직 그 말씀이
네게 매우
가까워서

네 입에 있으며
네 마음에 있은즉

네가 이를 행할 수
있느니라

말씀 그리기

_____

_____

_____

내가 주의 법을
어찌 그리
사랑하는지요 ···
(시119:97)

내가 주께
범죄하지 아니하려
하여 주의 ···
(시119:11)

오직 그 말씀이
네게 매우
가까워서 ···
(신30:14)

---

7 성경그리기를 하는 이유

① 주의 법을 사랑하기 때문에 그린다.
② 죄를 이기기 위해서 그린다.
③ 순종하기 위해서 그린다.

_____

_____

_____

_____

_____

8 성경은 무엇인가? / 주소 그리기

요한복음 5:39 / 오(5)늘 삶(3)의 구(9)원
디모데후서 3:16-17 / 삶(3)의 일(1)치 교육(6) 친(7)밀
베드로후서 1:20-21 / 하나(1)님이(2)여 영(0)원(1)하소서!

한마디로 정리하면
'오늘 삶의 구원은 삶의 일치 교육 친밀과 하나님이여 영원하소서'

요한복음
5:39

디모데후서
3:16-17

베드로후서
1:20-21

주소 그리기

_____

_____

_____

말씀 그리기　　**말씀을 끊어서 분리하고 중얼중얼하기**

너희가 성경에서 / 영생을 얻는 줄 생각하고 / 성경을 연구하거니와 / 이 성경이 /
곧 내게 대하여 / 증언하는 것이니라 (요한복음 5:39)

너희가 성경에서
영생을 얻는 줄
생각하고

성경을
연구하거니와

이 성경이
곧 내게 대하여
증언하는 것이니라

말씀 그리기

_____

_____

_____

모든 성경은 / 하나님의 감동으로 된 것으로 / 교훈과 책망과 / 바르게 함과
의로 / 교육하기에 유익하니 / 이는 하나님의 사람으로 온전하게 하며 / 모든
선한 일을 행할 능력을 / 갖추게 하려 함이라 (디모데후서 3:16-17)

모든 성경은
하나님의 감동으로
된 것으로

교훈과 책망과
바르게 함과 의로
교육하기에
유익하니

이는 하나님의
사람으로 온전하게
하며 모든 선한
일을 행할 …

말씀 그리기

_____

_____

_____

먼저 알 것은 / 성경의 모든 예언은 / 사사로이 풀 것이 아니니 / 예언은 언제든지 / 사람의 뜻으로 낸 것이 아니요 / 오직 성령의 감동하심을 받은 사람들이 / 하나님께 받아 말한 것임이라 (베드로후서 1:20-21)

먼저 알 것은
성경의 모든
예언은 사사로이
풀 것이 아니니

예언은 언제든지
사람의 뜻으로 낸
것이 아니요

오직 성령의
감동하심을 받은
사람들이 하나님께
받아 말한
것임이라

말씀 그리기

_____

_____

_____

너희가 성경에서
영생을 얻는 줄
생각하고 …
(요5:39)

모든 성경은
하나님의 감동으로
된 것으로 …
(딤후3:16-17)

먼저 알 것은
성경의 모든 예언은
사사로이 …
(벧후1:20-21)

8 **성경은 무엇인가?**

① 성경은 예수 그리스도에 대한 책이다.
② 성경은 하나님의 감동으로 교훈과 책망과 바르게 함과 의로 교육하기 위한 책이다.
③ 성경은 하나님의 감동을 받은 사람들이 하나님께 받아서 말하는 책이다.

_____

_____

_____

_____

_____

9 성경은 무엇을 말하는가? / 주소 그리기

로마서 1:20 / 하나(1)님의 두 가지(2)는 영(0)원하다.
요한복음 3:16 / 삶(3)의 일(1)치 교육(6)
로마서 4:3 / 사(4)랑의 삶(3)

한마디로 정리하면
'하나님의 두 가지는 영원하다. 삶의일치 교육과 사랑의 삶이다'

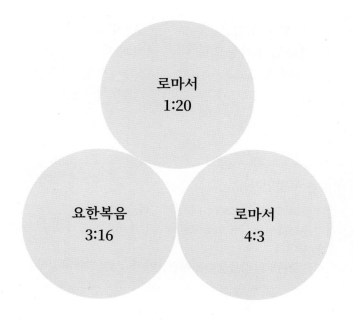

주소 그리기

_____

_____

_____

말씀을 끊어서 분리하고 중얼중얼하기

창세로부터 / 그의 보이지 아니하는 것들 / 곧 그의 영원하신 능력과 신
성이 / 그가 만드신 / 만물에 분명히 보여 알려졌나니 / 그러므로 그들이
핑계하지 못할지니라 (로마서 1:20)

창세로부터
그의 보이지
아니하는 것들 곧
그의 영원하신

능력과 신성이
그가 만드신
만물에 분명히

보여 알려졌나니
그러므로 그들이
핑계하지
못할지니라

말씀 그리기

_____

_____

_____

하나님이 / 세상을 이처럼 사랑하사 / 독생자를 주셨으니 / 이는 그를 믿는 자마다 / 멸망하지 않고 / 영생을 얻게 하려 하심이라 (요한복음 3:16)

하나님이 세상을
이처럼 사랑하사

독생자를 주셨으니
이는 그를 믿는
자마다

멸망하지 않고
영생을 얻게 하려
하심이라

말씀 그리기

_____

_____

_____

성경이 무엇을 말하느냐 / 아브라함이 하나님을 믿으매 / 그것이 그에게 의로 여겨진 바 되었느니라 (로마서 4:3)

성경이 무엇을
말하느냐

아브라함이
하나님을 믿으매

그것이 그에게
의로 여겨진 바
되었으니라

말씀 그리기

_____

_____

_____

창세로부터
그의 보이지
아니하는 것들 …
(롬1:20)

하나님이 세상을
이처럼 사랑하사
독생자를 …
(요3:16)

성경이 무엇을
말하느냐
아브라함이 …
(롬4:3)

9 성경은 무엇을 말하는가?

① 하나님의 영원하신 능력과 신성의 증거는 만물이라고 성경은 말한다.
② 하나님의 사랑에 대한 증거는 독생자 예수 그리스도라고 성경은 말한다
　　(최초복음 & 창3:15).
③ 우리가 의롭게 될 수 있는 방법은 믿음이라고 성경은 말한다.

_____

_____

_____

_____

_____

⑩ 모든 사람이 알아야할 성경 / 주소 그리기

디모데후서 3:15 / 삶(3)의 일(1)치 오(5)늘
전도서 12:1 / 하나(1)님이(2) 하신 일(1)
사도행전 17:11 / 일(1)생 친(7)밀한(1) 일(1)

한마디로 정리하면
'삶의일치 오늘은 하나님이 하신 일과 일생 친밀한 일이다'

디모데후서
3:15

전도서
12:1

사도행전
17:11

주소 그리기

_____

_____

_____

또 어려서부터 성경을 알았나니 / 성경은 능히 너로 하여금 / 그리스도 예수 안에 있는 / 믿음으로 말미암아 / 구원에 이르는 지혜가 있게 하느니라 (디모데후서 3:15)

또 어려서부터
성경을 알았나니
성경은 능히 너로
하여금

그리스도 예수 안에
있는 믿음으로
말미암아

구원에 이르는
지혜가 있게
하느니라

말씀 그리기

_____

_____

_____

말씀 그리기   말씀을 끊어서 분리하고 중얼중얼하기

너는 청년의 때에 / 너의 창조주를 기억하라 / 곧 곤고한 날이 이르기 전에 /
나는 아무 낙이 없다고 할 / 해들이 가깝기 전에 (전도서 12:1)

너는 청년의 때에
너의 창조주를
기억하라

곧 곤고한 날이
이르기 전에

나는 아무 낙이
없다고 할 해들이
가깝기 전에

말씀 그리기

_____

_____

_____

베뢰아에 있는 사람들은 / 데살로니가에 있는 사람들보다 / 더 너그러워서 /
간절한 마음으로 / 말씀을 받고 / 이것이 그러한가 하여 / 날마다 성경을
상고하므로 (사도행전 17:11)

베뢰아에 있는
사람들은
데살로니가에 있는
사람들보다

더 너그러워서
간절한 마음으로
말씀을 받고

이것이 그러한가
하여 날마다
성경을 상고하므로

말씀 그리기

_____

_____

_____

또 어려서부터
성경을 알았나니
성경은 능히 너로
하여금 …
(딤후3:15)

너는 청년의 때에
너의 창조주를
기억하라 …
(전12:1)

베뢰아에
있는 사람들은
데살로니가에 있는
사람들보다 …
(행17:11)

10 모든 사람이 알아야 할 성경

① 성경은 구원에 이르는 지혜가 있으니, 어렸을 때부터 알아야 한다.
② 성경은 죽음이 다가오고 있으니, 청년의 때도 알아야 한다.
③ 성경은 묵상해야 하니, 날마다 알아야 한다.

_____

_____

_____

_____

_____

⓫ 말씀의 능력 / 주소 그리기

시편 19:7 / 일(1)생 구(9)원 친(7)밀
시편 19:8 / 일(1)생 구(9)원 팔(8)팔하게
시편 19:9 / 일(1)생 구(9)원 구(9)원

한마디로 정리하면
'일생 구원 친밀 구원' (시편 19:7-9)

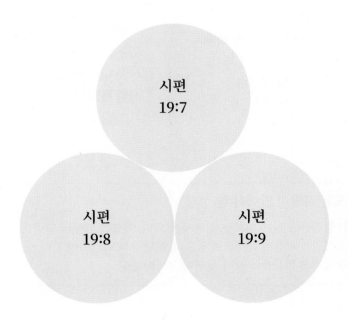

시편
19:7

시편
19:8

시편
19:9

주소 그리기

_____

_____

_____

여호와의 율법은 완전하여 / 영혼을 소성시키며 / 여호와의 증거는 확실
하여 / 우둔한 자를 지혜롭게 하며 (시편 19:7)

**여호와의 율법은
완전하여**

**영혼을 소성시키며
여호와의 증거는
확실하여**

**우둔한 자를
지혜롭게 하며**

말씀 그리기

_____

_____

_____

여호와의 교훈은 정직하여 / 마음을 기쁘게 하고 / 여호와의 계명은
순결하여 / 눈을 밝게 하시도다 (시편 19:8)

여호와의 교훈은
정직하여 마음을
기쁘게 하고

여호와의 계명은
순결하여

눈을 밝게
하시도다

말씀 그리기

_____

_____

_____

여호와를 경외하는 도는 정결하여 / 영원까지 이르고 / 여호와의 법도 진실하여 / 다 의로우니 (시편 19:9)

여호와를 경외하는
도는 정결하여

영원까지 이르고

여호와의 법도
진실하여
다 의로우니

말씀 그리기

_____

_____

_____

여호와의 율법은
완전하여 영혼을
소성시키며 …
(시19:7)

여호와의 교훈을
정직하여 마음을
기쁘게 하고 …
(시19:8)

여호와를 경외하는
도는 정결하여
영원까지 …
(시19:9)

⑪ 말씀의 능력

① 영혼을 소성시키고, 지혜롭게 한다.
② 마음을 기쁘게 하고, 순결하게 한다.
③ 진실하여 의롭게 한다.

12 성경의 3대 법칙 / 주소 그리기

마태복음 8:13 / 팔(8)팔한(1) 삶(3)
마태복음 16:27 / 일(1)생 교육(6) 이(2) 친(7)밀
갈라디아서 6:7 / 교육(6) 친(7)밀

한마디로 정리하면
'팔팔한 삶은 일생 교육 이 친밀과 교육 친밀이다'

마태복음
8:13

마태복음
16:27

갈라디아서
6:7

주소 그리기

_____

_____

_____

예수께서 백부장에게 이르시되 / 가라 네 믿은 대로 될지어다 하시니 /
그 즉시 하인이 나으니라 (마태복음 8:13)

예수께서
백부장에게
이르시되

가라 네 믿은
대로 될지어다
하시니

그 즉시 하인이
나으니라

말씀 그리기

_____

_____

_____

말씀 그리기　　**말씀을 끊어서 분리하고 중얼중얼하기**

인자가 아버지의 영광으로 / 그 천사들과 함께 오리니 / 그 때에 각 사람이
행한 대로 갚으리라 (마태복음 16:27)

인자가 아버지의
영광으로

그 천사들과 함께
오리니

그 때에 각
사람이 행한 대로
갚으리라

말씀 그리기

_____

_____

_____

스스로 속이지 말라 / 하나님은 업신여김을 받지 아니하시나니 / 사람이
무엇으로 심든지 / 그대로 거두리라 (갈라디아서 6:7)

스스로
속이지 말라

하나님은
업신여김을 받지
아니하시나니

사람이 무엇으로
심든지 그대로
거두리라

말씀 그리기

_____

_____

_____

예수께서
백부장에게
이르시되 가라 …
(마8:13)

인자가 아버지의
영광으로 그
천사들과 …
(마16:27)

스스로 속이지
말라 하나님은
업신여김을 …
(갈6:7)

12 성경의 3대 법칙
① 믿음대로 된다.　② 행한 대로 받는다.　③ 심는 대로 거둔다.

_____

_____

_____

_____

_____

🔟 삼위일체 하나님 / 주소 그리기

출애굽기 3:14 / 삶(3)의 일(1)치 사(4)랑
요한복음 1:14 / 일(1)생일(1)대 사(4)건 성육신
요한복음 14:26 / 일(1)생 사(4)랑 이(2) 교육(6)

한마디로 정리하면
'삶의 일치 사랑은 일생일대 사건 성육신과 일생 사랑 이 교육이다'

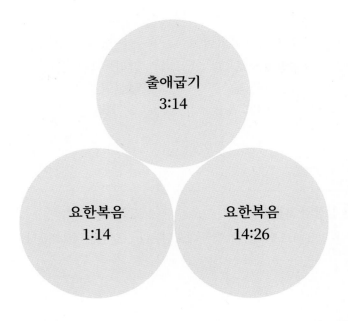

주소 그리기

_____

_____

_____

하나님이 모세에게 이르시되 / 나는 스스로 있는 자이니라 / 또 이르시되 /
너는 이스라엘 자손에게 / 이같이 이르기를 / 스스로 있는 자가 / 나를 너희
에게 보내셨다 하라 (출애굽기 3:14)

하나님이
모세에게 이르시되
나는 스스로 있는
자이니라

또 이르시되
너는 이스라엘
자손에게 이같이
이르기를

스스로 있는 자가
나를 너희에게
보내셨다 하라

말씀 그리기

_____

_____

_____

말씀이 육신이 되어 / 우리 가운데 거하시매 / 우리가 그의 영광을 보니 /
아버지의 독생자의 영광이요 / 은혜와 진리가 충만하더라 (요한복음 1:14)

말씀이 육신이
되어 우리 가운데
거하시매

우리가 그의
영광을 보니
아버지의 독생자의
영광이요

은혜와 진리가
충만하더라

말씀 그리기

_____

_____

_____

보혜사 / 곧 아버지께서 내 이름으로 보내실 / 성령 그가 너희에게 / 모든 것을 가르치고 / 내가 너희에게 말한 / 모든 것을 생각나게 하리라 (요한복음 14:26)

보혜사 곧
아버지께서
내 이름으로 보내실

성령 그가
너희에게 모든
것을 가르치고

내가 너희에게
말한 모든 것을
생각나게 하리라

말씀 그리기

_____

_____

_____

하나님이
모세에게 이르시되
나는 스스로 …
(출3:14)

말씀이 육신이 되어
우리 가운데
거하시매 …
(요1:14)

보혜사
곧 아버지께서
내 이름으로
보내실 …
(요14:26)

⓭ 삼위일체 하나님

① 나는 스스로 있는 자이다(여호와).
② 하나님이 사람되다(예수 그리스도).
③ 성령 하나님이다(보혜사).

14 믿을만한 증거 부활 / 주소 그리기

마가복음 16:9 / 일(1)생 교육(6) 구(9)원
마태복음 28:6 / 이(2)팔(8)청춘 교육(6)
사도행전 17:31 / 일(1)생 친(7)밀 삶(3)의 일(1)치

한마디로 정리하면
'일생 교육 구원은 이팔청춘 교육과 일생 친밀 삶의 일치이다'

마가복음
16:9

마태복음
28:6

사도행전
17:31

주소 그리기

_____

_____

_____

예수께서 안식 후 첫날 / 이른 아침에 / 살아나신 후 / 전에 일곱 귀신을 쫓아내어 주신 / 막달라 마리아에게 / 먼저 보이시니 (마가복음 16:9)

예수께서 안식 후
첫날 이른 아침에
살아나신 후

전에 일곱 귀신을
쫓아내어 주신

막달라 마리아에게
먼저 보이시니

말씀 그리기

_____

_____

_____

그가 여기 계시지 않고 / 그가 말씀 하시던 대로 / 살아나셨느니라 / 와서 그가 누우셨던 곳을 보라 (마태복음 28:6)

그가 여기 계시지
않고

그가 말씀
하시던 대로
살아나셨느니라

와서 그가
누우셨던 곳을
보라

말씀 그리기

_____

_____

_____

이는 정하신 사람으로 하여금 / 천하를 공의로 / 심판할 날을 작정하시고 / 이에 그를 죽은 자 가운데서 / 다시 살리신 것으로 / 모든 사람에게 / 믿을 만한 증거를 주셨음이니라 하니라 (사도행전 17:31)

이는 정하신
사람으로 하여금
천하를 공의로
심판할 날을

작정하시고
이에 그를 죽은 자
가운데서 다시
살리신 것으로

모든 사람에게
믿을 만한 증거를
주셨음이니라
하니라

말씀 그리기

_____

_____

_____

예수께서 안식 후
첫날 이른 아침에
살아나신 후 …
(막16:9)

그가 여기 계시지
않고 그가 말씀
하시던 대로 …
(마28:6)

이는 정하신
사람으로 하여금
천하를 공의로 …
(행17:31)

---

14 믿을만한 증거 부활

① 예수 부활은 최초의 목격자(막달라 마리아)가 증거한다.
② 예수 부활은 빈 무덤이 증거한다. ③ 예수 부활은 역사가 증거한다.

_____

_____

_____

_____

_____

🔢 복음은 무엇인가? / 주소 그리기

로마서 1:2-4 / 일(1)생 이(2) 사(4)랑
고린도전서 15:3-4 / 일(1)생 오(5)늘의 삶(3) 사(4)랑
로마서 1:17 / 일(1)생일(1)대 친(7)밀

한마디로 정리하면
'일생 이 사랑은 일생 오늘의 삶, 사랑과 일생일대 친밀이다'

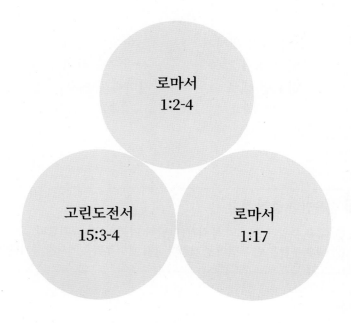

주소 그리기

_____

_____

_____

이 복음은 하나님이 선지자들을 통하여 / 그의 아들에 관하여 / 성경에 미리 약속하신 것이라 / 그의 아들에 관하여 말하면 / 육신으로는 다윗의 혈통에서 나셨고 / 성결의 영으로는 죽은 자들 가운데서 부활하사 / 능력으로 하나님의 아들로 선포되셨으니 / 곧 우리 주 예수 그리스도시니라 (로마서 1:2-4)

이 복음은
하나님이 선지자들을
통하여 그의 아들에
관하여 성경에 …

그의 아들에
관하여 말하면
육신으로는 다윗의
혈통에서
나셨고 …

하나님의 아들로
선포되셨으니 곧
우리 주 예수
그리스도시니라

말씀 그리기

_____

_____

_____

내가 받은 것을 먼저 너희에게 전하였노니 / 이는 성경대로 그리스도께서 / 우리 죄를 위하여 죽으시고 / 장사 지낸 바 되셨다가 / 성경대로 사흘 만에 다시 살아나사 (고린도전서 15:3-4)

내가 받은 것을
먼저 너희에게
전하였노니 이는
성경대로

그리스도께서
우리 죄를 위하여
죽으시고 장사
지낸 바 되셨다가

성경대로 사흘
만에 다시
살아나사

말씀 그리기

_____

_____

_____

복음에는 하나님의 의가 나타나서 / 믿음으로 믿음에 이르게 하나니 / 기록된 바 오직 의인은 / 믿음으로 말미암아 살리라 함과 같으니라 (로마서 1:17)

복음에는
하나님의 의가
나타나서

믿음으로 믿음에
이르게 하나니
기록된 바 오직
의인은

믿음으로 말미암아
살리라 함과
같으리라

말씀 그리기

_____

_____

_____

이 복음은
하나님이
선지자들을 통하여
그의 아들에 …
(롬1:2-4)

내가 받은 것을
먼저 너희에게
전하였노니 …
(고전 15:3-4)

복음에는
하나님의 의가
나타나서 믿음으로
믿음에 …
(롬1:17)

15 복음은 무엇인가?

① 육신으로 다윗의 혈통으로 오신 예수 그리스도, 성결의 영으로
부활하사 하나님의 아들로 선포되신 예수 그리스도이다
② 성경대로 그리스도께서 우리 죄를 위하여 죽으시고, 성경대로
그리스도께서 부활하셨다
③ 복음에는 하나님의 의가 나타나서, 오직 의인은 믿음으로 산다.

16 예수를 믿어야 하는 이유 / 주소 그리기

로마서 3:23 / 삶(3) 이(2)로운 삶(3)
로마서 6:23 / 교육(6) 이(2)로운 삶(3)
로마서 10:9-10 / 한(1) 영(0)혼 구(9)원 한(1) 영(0)혼

한마디로 정리하면
'삶, 이로운 삶은 교육 이로운 삶과 한 영혼 구원 한 영혼이다'

로마서
3:23

로마서
6:23

로마서
10:9-10

주소 그리기

_____

_____

_____

모든 사람이 / 죄를 범하였으매 / 하나님의 영광에 이르지 못하더니
(로마서 3:23)

모든 사람이

죄를 범하였으매

하나님의 영광에
이르지 못하더니

말씀 그리기

_____

_____

_____

죄의 삯은 사망이요 / 하나님의 은사는 그리스도 예수 / 우리 주 안에 있는 영생이니라 (로마서 6:23)

죄의 삯은
사망이요

하나님의 은사는
그리스도 예수

우리 주 안에
있는 영생이니라

말씀 그리기

_____

_____

_____

네가 만일 네 입으로 / 예수를 주로 시인하며 / 또 하나님께서 그를 / 죽은 자 가운데서 살리신 것을 / 네 마음에 믿으면 / 구원을 받으리라 / 사람이 마음으로 믿어 / 의에 이르고 / 입으로 시인하여 / 구원에 이르느니라 (로마서10:9-10)

네가 만일
네 입으로 예수를
주로 시인하며 …

죽은 자 가운데서
살리신 것을 네
마음에 믿으면 …

사람이 마음으로
믿어 의에 이르고
입으로 시인하여 …

말씀 그리기

_____

_____

_____

모든 사람이 죄를
범하였으매 …
(롬3:23)

죄의 삯은 사망이요
하나님의 은사는 …
(롬6:23)

네가 만일
네 입으로 예수를
주로 시인하며 …
(롬10:9-10)

16 예수 믿어야 하는 이유

① 모두가 죄인이기 때문이다. ② 죄의 삯은 사망이기 때문이다.
③ 예수를 마음으로 믿고, 입으로 시인하면, 구원에 이르기 때문이다.

🔟 예수 믿는다는 진정한 의미 / 주소 그리기

마태복음 16:16 / 일(1)생 교육(6) 일(1)생 교육(6)
마태복음 16:24 / 일(1)생 육(6)신으로 사는 이(2) 사(4)람아
갈라디아서 2:20 / 이(2)르시되 이(2) 영(0)혼아!

한마디로 정리하면
'일생 교육 일생 교육은 일생 육신으로 사는 이 사람아, 이르시되 이 영혼아'

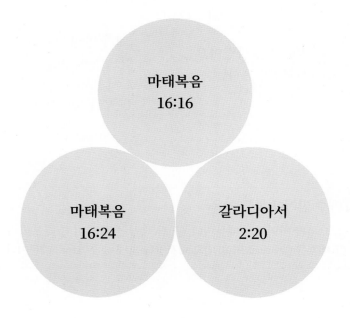

주소 그리기

_____

_____

_____

시몬 베드로가 / 대답하여 이르되 / 주는 그리스도시요 / 살아 계신 하나님의
아들이시니이다 (마태복음 16:16)

시몬 베드로가
대답하여 이르되

주는 그리스도시요

살아 계신
하나님의
아들이시니이다

말씀 그리기

_____

_____

_____

이에 예수께서 / 제자들에게 이르시되 / 누구든지 / 나를 따라오려거든 / 자기를 부인하고 / 자기 십자가를 지고 / 나를 따를 것이니라 (마태복음 16:24)

이에 예수께서
제자들에게
이르시되

누구든지 나를
따라 오려거든
자기를 부인하고

자기 십자가를
지고 나를 따를
것이니라

말씀 그리기

_____

_____

_____

내가 그리스도와 함께 / 십자가에 못 박혔나니 / 그런즉 이제는 내가 사는 것이 아니요 / 오직 내 안에 / 그리스도께서 사시는 것이라 / 이제 내가 육체 가운데 사는 것은 / 나를 사랑하사 나를 위하여 / 자기 자신을 버리신 / 하나님의 아들을 / 믿는 믿음 안에서 사는 것이라 (갈라디아서 2:20)

내가 그리스도와
함께 십자가에 못
박혔나니 …

오직 내 안에
그리스도께서
사시는 것이라 …

하나님의 아들을
믿는 믿음 안에서
사는 것이라

말씀 그리기

시몬 베드로가
대답하여 이르되
주는 그리스도 …
(마16:16)

이에 예수께서
제자들에게
이르시되 …
(마16:24)

내가 그리스도와
함께 십자가에 못
박혔나니 …
(갈2:20)

17 예수 믿는다는 진정한 의미

① 예수를 주인으로 믿는 것이다.
② 자기를 부인하고, 예수를 따라가는 것이다.
③ 자신을 십자가에 못 박고, 예수로 사는 것이다.

_____

_____

_____

_____

_____

🔢 그리스도 예수 안에서 / 주소 그리기

로마서 8:1-2 / 팔(8)팔한(1) 이(2)에게
요한복음 15:5 / 일(1)생 오(5)세요(5)
로마서 12:5 / 일(1)상이(2)요(5)

한마디로 정리하면
'팔팔한 이에게, 일생 오세요. 일상이요'

로마서
8:1-2

요한복음
15:5

로마서
12:5

주소 그리기

_____

_____

_____

그러므로 이제 / 그리스도 예수 안에 있는 자에게는 / 결코 정죄함이 없나니 /
이는 그리스도 예수 안에 있는 / 생명의 성령의 법이 / 죄와 사망의 법에서 /
너를 해방하였음이라 (로마서 8:1-2)

그러므로 이제
그리스도 예수 안에
있는 자에게는
결코 정죄함이
없나니

이는 그리스도
예수 안에 있는
생명의 성령의
법이

죄와 사망의
법에서 너를
해방하였음이라

말씀 그리기

_____

_____

_____

나는 포도나무요 너희는 가지라 / 그가 내 안에 / 내가 그 안에 거하면 /
사람이 열매를 많이 맺나니 / 나를 떠나서는 너희가 아무 것도 할 수
없음이라 (요한복음 15:5)

나는 포도나무요
너희는 가지라
그가 내 안에

내가 그 안에
거하면 사람이
열매를 많이
맺나니

나를 떠나서는
너희가 아무 것도
할 수 없음이라

말씀 그리기

_____

_____

_____

이와 같이 우리 많은 사람이 / 그리스도 안에서 한 몸이 되어 / 서로 지체가 되었느니라 (로마서 12:5)

이와 같이 우리
많은 사람이

그리스도 안에서
한 몸이 되어

서로 지체가
되었느니라

말씀 그리기

_____

_____

_____

그러므로 이제
그리스도 예수
안에 있는 자 ···
(롬8:1-2)

나는 포도나무요
너희는 가지라
그가 내 안에 ···
(요15:5)

이와 같이
우리 많은 사람이
그리스도 안에서 ···
(롬12:5)

18 그리스도 예수 안에서

① 나는 죄와 사망에서 자유하다. ② 나는 열매를 맺는다.
③ 모든 사람이 나의 지체이다(지체의식).

_____

_____

_____

_____

_____

19 나의 정체성 / 주소 그리기

요한복음 1:12 / 일(1)생일(1)대 일이(2)
아가 2:10 / 둘(2)이 하나(1) 영(0)원히
디모데후서 4:7-8 / 사(4)랑 친(7)밀 팔(8)팔하게

한마디로 정리하면
'일생일대 일이, 둘이 하나 영원히, 사랑 친밀 팔팔하게'

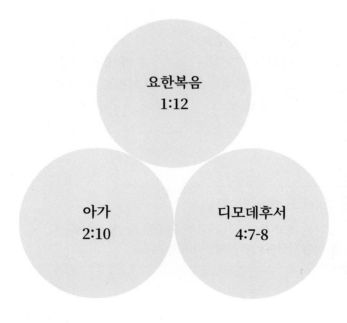

요한복음
1:12

아가
2:10

디모데후서
4:7-8

주소 그리기

_____

_____

_____

영접하는 자 / 곧 그 이름을 믿는 자들에게는 / 하나님의 자녀가 되는 권세를
주셨으니 (요한복음 1:12)

영접하는 자

곧 그 이름을
믿는 자들에게는

하나님의 자녀가
되는 권세를
주셨으니

말씀 그리기

_____

_____

_____

나의 사랑하는 자가 / 내게 말하여 이르기를 / 나의 사랑 / 내 어여쁜 자야 /
일어나서 함께 가자 (아가 2:10)

나의 사랑하는
자가 내게 말하여
이르기를

나의 사랑
내 어여쁜 자야

일어나서 함께
가자

말씀 그리기

_____

_____

_____

나는 선한 싸움을 싸우고 / 나의 달려갈 길을 마치고 / 믿음을 지켰으니 / 이제 후로는 나를 위하여 / 의의 면류관이 예비되었으므로 / 주 곧 의로우신 재판장이 / 그날에 내게 주실 것이며 / 내게만 아니라 / 주의 나타나심을 사모하는 모든 자에게도니라 (디모데후서 4:7-8)

나는 선한 싸움을
싸우고 나의 달려갈
길을 마치고 …

이제 후로는
나를 위하여
의의 면류관이
예비되었으므로 …

내게만 아니라
주의 나타나심을
사모하는 모든
자에게도니라

말씀 그리기

_____

_____

_____

영접하는 자 곧
그 이름을 믿는
자들에게는 …
(요1:12)

나의 사랑하는
자가 내게 말하여
이르기를 …
(아2:10)

나는 선한 싸움을
싸우고 나의 달려갈
길을 마치고 …
(딤후4:7-8)

19 나의 정체성

① 나는 하나님의 자녀다. ② 나는 그리스도의 신부다.
③ 나는 그리스도의 군사다.

_____

_____

_____

_____

_____

20 회개 & 나를 찾아서 / 주소 그리기

시편 51:17 / 오(5) 하나(1)님 일(1)생 친(7)밀
로마서 7:24-25 / 친(7)밀히(2) 사(4)랑하오(5)
시편 51:10-11 / 오(5)늘 하루(1) 한(1) 영(0)혼 일(1)상

한마디로 정리하면
'오! 하나님 일생 친밀은 친밀히 사랑하오, 오늘 하루 한 영혼의 일상이다'

시편
51:17

로마서
7:24-25

시편
51:10-11

주소 그리기

_____

_____

_____

하나님께서 구하시는 제사는 / 상한 심령이라 / 하나님이여 / 상하고 통회
하는 마음을 / 주께서 멸시하지 아니하시리이다 (시편 51:17)

하나님께서
구하시는 제사는
상한 심령이라

하나님이여 상하고
통회하는 마음을

주께서 멸시하지
아니하시리이다

말씀 그리기

_____

_____

_____

말씀을 끊어서 분리하고 중얼중얼하기

오호라 나는 곤고한 사람이로다 / 이 사망의 몸에서 누가 나를 건져내랴 /
우리 주 예수 그리스도로 말미암아 / 하나님께 감사하리로다 / 그런즉 내
자신이 마음으로는 / 하나님의 법을 / 육신으로는 / 죄의 법을 섬기노라
(로마서 7:24-25)

오호라 나는 곤고한
사람이로다
이 사망의 몸에서 …

우리 주 예수
그리스도로
말미암아 …

그런즉 내가
자신이 마음으로는
하나님의 법을 …

말씀 그리기

_____

_____

_____

하나님이여 / 내 속에 정한 마음을 창조하시고 / 내 안에 정직한 영을 새롭게 하소서 / 나를 주 앞에서 / 쫓아내지 마시며 / 주의 성령을 내게서 / 거두지 마소서 (시편 51:10-11)

하나님이여
내 속에 정한 마음을
창조하시고

내 안에 정직한
영을 새롭게
하소서 나를
주 앞에서

쫓아내지 마시며
주의 성령을
내게서 거두지
마소서

말씀 그리기

_____

_____

_____

하나님께서
구하시는 제사는
상한 심령이라 …
(시51:17)

오호라 나는
곤고한 사람이로다
이 사망의 …
(롬7:24-25)

하나님이여
내 속에 정한 마음을
창조하시고 …
(시51:10-11)

20 회개 (하나님의 관심 안에 들어옴) & 나를 찾아서

① 상한 심령으로 기도하라.   ② 탄식하며 기도하라.
③ 성령의 임재를 기도하라.

_____

_____

_____

_____

_____

21 인생의 3대 문제 / 주소 그리기

창세기 1:2 / 하나(1)님이(2)
마태복음 11:28 / 일(1)생일(1)대 이(2)팔(8)청춘
로마서 8:26 / 빨(8)리(2) 교육(6)

한마디로 정리하면
'하나님이 일생일대 이팔청춘과 빨리 교육을 말씀하셨다'

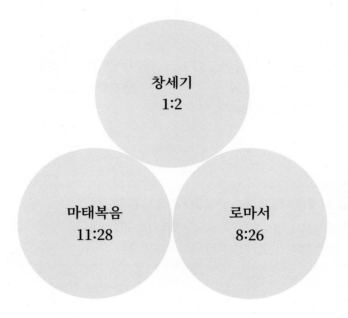

창세기
1:2

마태복음
11:28

로마서
8:26

주소 그리기

_____

_____

_____

땅이 혼돈하고 / 공허하며 / 흑암이 깊음 위에 있고 / 하나님의 영은 / 수면 위에 운행하시니라 (창세기 1:2)

땅이 혼돈하고
공허하며

흑암이 깊음
위에 있고

하나님의 영은
수면 위에
운행하시니라

말씀 그리기

_____

_____

_____

수고하고 무거운 짐 진 자들아 / 다 내게로 오라 / 내가 너희를 쉬게 하리라
(마태복음 11:28)

수고하고 무거운
짐 진 자들아

다 내게로 오라

내가 너희를 쉬게
하리라

말씀 그리기

_____

_____

_____

이와 같이 성령도 / 우리의 연약함을 도우시나니 / 우리는 마땅히 기도할 바를 알지 못하나 / 오직 성령이 말할 수 없는 탄식으로 / 우리를 위하여 친히 간구하시느니라 (로마서 8:26)

이와 같이 성령도
우리의 연약함을
도우시나니

우리는 마땅히
기도할 바를 알지
못하나 오직
성령이

말할 수 없는
탄식으로 우리를
위하여 친히
간구하시느니라

말씀 그리기

_____

_____

_____

말씀 완성 성경의 주소와 말씀의 구절을 매치 시켜 '중얼중얼' 하기

땅이 혼돈하고
공허하며 흑암이
깊음 위에 …
(창1:2)

수고하고
무거운 짐 진 자들아
다 내게로 오라 …
(마11:28)

이와 같이 성령도
우리의 연약함을
도우시나니 …
(롬8:26)

21 인생의 3대 문제

① 인생은 혼돈과 공허와 흑암의 문제를 가지고 산다.
② 수고하고 무거운 죄의 짐을 가지고, 주님께 나와야 인생은 쉴 수 있다.
③ 인생은 연약하기에 기도하여 성령의 도우심을 받아야 한다.

22 우리의 목표는 화평이다 / 주소 그리기

마태복음 5:9 / 오(5)늘 구(9)원
로마서 12:18 / 하나(1)님이(2) 일(1)생 팔(8)팔하게
히브리서 12:14 / 하나(1)님이(2) 일(1)생 사(4)랑

한마디로 정리하면
'오늘 구원은 하나님이 일생 팔팔하게 하시고, 하나님이 일생 사랑하게 한다'

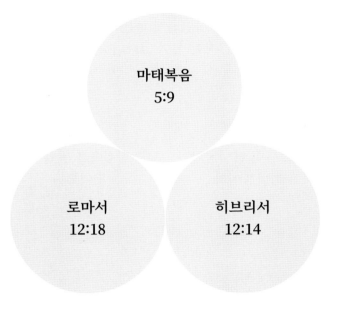

주소 그리기

_____

_____

_____

화평하게 하는 자는 / 복이 있나니 / 그들이 하나님의 아들이라 / 일컬음
을 받을 것임이요 (마태복음 5:9)

화평하게 하는
자는 복이 있나니

그들이 하나님의
아들이라

일컬음을 받을
것이요

말씀 그리기

_____

_____

_____

할 수 있거든 / 너희로서는 / 모든 사람과 더불어 / 화목하라 (로마서 12:18)

할 수 있거든
너희로서는

모든 사람과
더불어

화목하라

말씀 그리기

_____

_____

_____

모든 사람과 더불어 / 화평함과 거룩함을 따르라 / 이것이 없이는 / 아무도
주를 보지 못하리라 (히브리서 12:14)

모든 사람과
더불어

화평함과 거룩함을
따르라

이것이 없이는
아무도 주를 보지
못하리라

말씀 그리기

_____

_____

_____

화평하게 하는
자는 복이 있나니
그들이 …
(마5:9)

할 수 있거든
너희로서는 모든
사람과 더불어 …
(롬12:18)

모든 사람과
더불어 화평함과
거룩함을 …
(히12:14)

22 우리의 목표는 화평이다.

① 우리는 화평하게 하는 자이다.
② 우리는 할 수만 있다면 화목해야 한다.
③ 화평함과 거룩함이 있어야 주님을 볼 수 있다.

_____

_____

_____

_____

㉓ 하나님의 소원 (구원·하나됨·거룩함) / 주소 그리기

디모데전서 2:4 / 이(2) 사(4)랑
에베소서 4:3 / 사(4)랑의 삶(3)
데살로니가전서 4:3 / 사(4)랑의 삶(3)

한마디로 정리하면
'이 사랑은 사랑의 삶, 사랑의 삶이다'

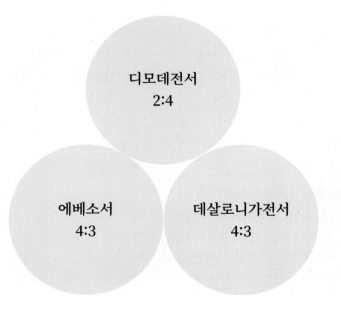

디모데전서
2:4

에베소서
4:3

데살로니가전서
4:3

주소 그리기

_____

_____

_____

하나님은 모든 사람이 / 구원을 받으며 / 진리를 아는 데에 / 이르기를
원하시느니라 (디모데전서 2:4)

하나님은 모든
사람이 구원을
받으며

진리를 아는 데에

이르기를
원하시느니라

말씀 그리기

_____

_____

_____

평안의 매는 줄로 / 성령이 하나 되게 하신 것을 / 힘써 지키라 (에베소서 4:3)

평안의 매는 줄로

**성령이 하나 되게
하신 것을**

힘써 지키라

말씀 그리기

_____

_____

_____

하나님의 뜻은 이것이니 / 너희의 거룩함이라 / 곧 음란을 버리고
(데살로니가전서 4:3)

하나님의 뜻은
이것이니

너희의 거룩함이라

곧 음란을 버리고

말씀 그리기

_____

_____

_____

하나님은 모든
사람이 구원을
받으며 …
(딤전2:4)

평안의 매는 줄로
성령이 하나 되게
하신 것을 …
(엡4:3)

하나님의 뜻은
이것이니 너희의
거룩함이라 …
(살전4:3)

23 하나님의 소원

① 모든 사람이 구원받으며, 진리를 아는데 이르기를 원한다.
② 성령이 하나 되게 하심을 힘써 지키기를 원한다.
③ 하나님은 우리가 거룩하기를 원한다.

24 감동과 감격과 감사 / 주소 그리기

창세기 1:28 / 일(1)생 이(2)팔(8)청춘
마태복음 26:28 / 이(2) 교육(6) 이(2)팔(8)청춘
시편 136:1 / 일(1)생 삶(3)을 교육(6)하는 일(1)

한마디로 정리하면
'일생 이팔청춘은 이 교육 이팔청춘과 일생 삶을 교육하는 일이다'

창세기
1:28

마태복음
26:28

시편
136:1

주소 그리기

_____

_____

_____

하나님이 그들에게 복을 주시며 / 하나님이 그들에게 이르시되 / 생육하고 번성하여 / 땅에 충만하라 / 땅을 정복하라 / 바다의 물고기와 하늘의 새와 / 땅에 움직이는 모든 생물을 / 다스리라 하시니라 (창세기 1:28)

하나님이 그들에게
복을 주시며
하나님이 그들에게
이르시되

생육하고 번성하여
땅에 충만하라
땅을 정복하라 …

땅에 움직이는
모든 생물을
다스리라 하시니라

말씀 그리기

_____

_____

_____

이것은 죄 사함을 얻게 하려고 / 많은 사람을 위하여 흘리는 바 / 나의 피
곧 언약의 피니라 (마태복음 26:28)

이것은 죄 사함을
얻게 하려고

많은 사람을
위하여 흘리는 바

나의 피 곧
언약의 피니라

말씀 그리기

_____

_____

_____

여호와께 감사하라 / 그는 선하시며 / 그 인자하심이 / 영원함이로다
(시편 136:1)

여호와께 감사하라

그는 선하시며
그 인자하심이

영원함이로다

말씀 그리기

_____

_____

_____

하나님이 그들에게
복을 주시며
하나님이 …
(창1:28)

이것은 죄 사함을
얻게 하려고 많은
사람을 위하여 …
(마26:28)

여호와께 감사하라
그는 선하시며 …
(시136:1)

24 감동과 감격과 감사 (Three 감으로 살자)

① 생육하고 번성하는 생명의 감동이다.
② 죄 사함을 얻게 하는 구원의 감격이다.
③ 생명의 감동과 구원의 감격을 주신 하나님께 감사이다.

_____

_____

_____

_____

_____

25 전도방법 / 주소 그리기

사도행전 1:4 / 일(1)생 사(4)랑
사도행전 1:8 / 일(1)생 팔(8)팔하게
고린도전서 2:4-5 / 이(2) 세상을 사(4)노라면 오(5)해도 받지만

한마디로 정리하면
'일생 사랑, 일생 팔팔하게, 이 세상을 사노라면 오해도 받지만, 성령에
나타나심과 능력으로 하라'

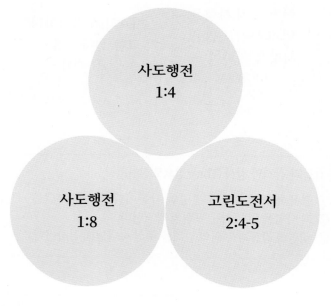

주소 그리기

_____

_____

_____

사도와 함께 모이사 / 그들에게 분부하여 이르시되 / 예루살렘을 떠나지 말고 / 내게서 들은 바 / 아버지께서 약속하신 것을 기다리라 (사도행전 1:4)

사도와 함께
모이사 그들에게
분부하여 이르시되

예루살렘을
떠나지 말고
내게서 들은 바

아버지께서
약속하신 것을
기다리라

말씀 그리기

_____

_____

_____

오직 성령이 너희에게 임하시면 / 너희가 권능을 받고 / 예루살렘과
온 유대와 / 사마리아와 땅 끝까지 이르러 / 내 증인이 되리라 하시니라
(사도행전 1:8)

오직 성령이
너희에게 임하시면
너희가 권능을
받고

예루살렘과 온 유대와
사마리아와
땅 끝까지 이르러

내 증인이 되리라
하시니라

말씀 그리기

_____

_____

_____

말씀을 끊어서 분리하고 중얼중얼하기

내 말과 내 전도함이 / 설득력 있는 지혜의 말로 하지 아니하고 / 다만 성령의
나타나심과 능력으로 하여 / 너희 믿음이 / 사람의 지혜에 있지 아니하고 /
다만 하나님의 능력에 있게 하려 하였노라 (고린도전서 2:4-5)

내 말과 내
전도함이 설득력
있는 지혜의 말로
하지 아니하고

다만 성령의
나타나심과
능력으로 하여
너희 믿음이

사람의 지혜에
있지 아니하고 다만
하나님의 능력에 있게
하려 하였노라

말씀 그리기

_____

_____

_____

사도와 함께
모이사 그들에게
분부하여 …
(행1:4)

오직 성령이
너희에게 임하시면
너희가 권능을 …
(행1:8)

내 말과 내
전도함이 설득력
있는 지혜의 …
(고전2:4-5)

25 전도방법

① 성령이 임할 때까지 기도하라.
② 성령이 임하면, 어디서든지 예수는 그리스도라고 증거하게 된다.
③ 내 말과 지혜로 하지 아니하고, 오직 성령의 나타나심과 능력으로 하라.

26 생활에 밀접한 전도메시지 / 주소 그리기

로마서 11:36 / 일(1)생일(1)대 삶(3)의 교육(6)
민수기 32:23 / 삼(3)이(2) 이(2) 삼(3)이냐?
전도서 12:7 / 하나(1)님이(2) 친(7)밀하게

한마디로 정리하면
'일생일대 삶의 교육은 삼이 이 삼이냐와 하나님이 친밀하게 하다'

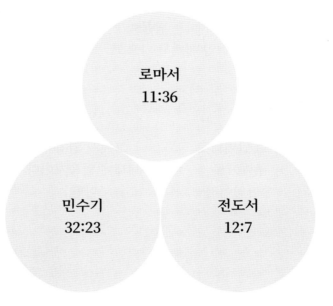

로마서
11:36

민수기
32:23

전도서
12:7

주소 그리기

_____

_____

_____

이는 만물이 주에게서 나오고 / 주로 말미암고 / 주에게로 돌아감이라 /
그에게 영광이 / 세세에 있을지어다 아멘 (로마서 11:36)

이는 만물이
주에게서 나오고

주로 말미암고
주에게로
돌아감이라

그에게 영광이
세세에 있을지어다
아멘

말씀 그리기

_____

_____

_____

너희가 만일 그같이 아니하면 / 여호와께 범죄함이니 / 너희 죄가 / 반드시
너희를 찾아낼 줄 알라 (민수기 32:23)

너희가 만일 그같이
아니하면

여호와께
범죄함이니

너희 죄가 반드시
너희를 찾아낼 줄
알라

말씀 그리기

_____

_____

_____

흙은 여전히 땅으로 돌아가고 / 영은 그것을 주신 하나님께로 / 돌아가기
전에 기억하라 (전도서 12:7)

흙은 여전히
땅으로 돌아가고

영은 그것을 주신
하나님께로

돌아가기 전에
기억하라

말씀 그리기

_____

_____

_____

이는 만물이
주에게서 나오고
주로 말미암고 …
(롬11:36)

너희가 만일
그같이 아니하면
여호와께 …
(민32:23)

흙은 여전히
땅으로 돌아가고
영은 그것을 …
(전12:7)

26 생활에 밀접한 전도 메시지

① 안녕하세요. 자신이 주인된 사람에게는 '안녕'이 없다.
'만물의 주인'을 소개한다.
② 사람들은 '죄 짓고는 못 산다'고 말한다.
③ 사람들은 죽으면 끝이라고 하지 않고 '돌아가셨다'고 한다.

27 생각을 잘하라 / 주소 그리기

사사기 21:25 / 둘(2)이 하나(1) 이(2) 오(5)늘
잠언 4:23 / 사(4)랑을 이(2)루는 삶(3)
빌립보서 4:6-7 / 사(4)랑 교육(6) 친(7)밀

한마디로 정리하면
'둘이 하나 이 오늘은 사랑을 이루는 삶과 사랑 교육 친밀이다'

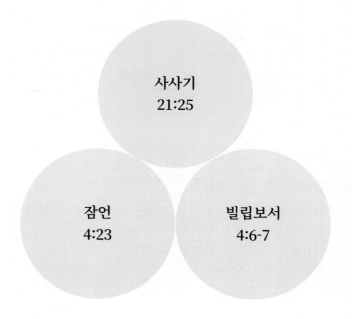

주소 그리기

_____

_____

_____

그 때에 이스라엘에 왕이 없으므로 / 사람이 각기 자기의 소견에 / 옳은
대로 행하였더라 (사사기 21:25)

그 때에 이스라엘에
왕이 없으므로

사람이 각기 자기
소견에

옳은 대로
행하였더라

말씀 그리기

_____

_____

_____

모든 지킬 만한 것 중에 / 더욱 네 마음을 지키라 / 생명의 근원이 이에서
남이니라 (잠언 4:23)

모든 지킬 만한
것 중에

더욱 네 마음을
지키라

생명의 근원이
이에서 남이니라

말씀 그리기

_____

_____

_____

아무 것도 염려하지 말고 / 다만 모든 일에 기도와 간구로 / 너희 구할 것을 감사함으로 하나님께 아뢰라 / 그리하면 모든 지각에 뛰어난 하나님의 평강이 / 그리스도 예수 안에서 / 너희 마음과 생각을 지키시리라 (빌립보서 4:6-7)

아무 것도
염려하지 말고
다만 모든 일에
기도와 간구로

너희 구할 것을
감사함으로
하나님께 아뢰라
그리하면 …

그리스도 예수
안에서 너희
마음과 생각을
지키시리라

말씀 그리기

_____

_____

_____

그 때에
이스라엘에 왕이
없으므로 …
(삿21:25)

모든 지킬 만한
것 중에 더욱 네
마음을 지키라 …
(잠4:23)

아무 것도 염려
하지 말고 다만
모든 일에 기도와 …
(빌4:6-7)

27 생각을 잘하라.

① 사사기를 관통하는 말씀이다. 이 마음에 하나님이 없으니
　 오직 자기 소견에 옳은 대로 행한다.
② 생각이 멈추면(마9:36) 마음을 지킬 수 없다.
③ 기도할 때 마음과 생각을 지킬 수 있다.

_____

_____

_____

_____

_____

28 판단과 결정과 책임 / 주소 그리기

히브리서 4:12-13 / 사(4)랑의 하나(1)님이(2) 삶(3) 속에
마태복음 26:39 / 이(2) 교육(6) 삶(3)의 구(9)원
여호수아 1:9 / 일(1)생 구(9)원

한마디로 정리하면
'사랑의 하나님이 삶 속에서 이 교육 삶의 구원과 일생 구원을 이루신다'

히브리서
4:12-13

마태복음
26:39

여호수아
1:9

주소 그리기

_____

_____

_____

하나님의 말씀은 / 살아 있고 / 활력이 있어 / 좌우에 날선 어떤 검보다도
예리하여 / 혼과 영과 및 관절과 골수를 / 찔러 쪼개기까지 하며 / 또 마음의
생각과 뜻을 판단하나니 / 지으신 것이 하나도 / 그 앞에 나타나지 않음이
없고 / 우리의 결산을 받으실 이의 눈 앞에 / 만물이 벌거벗은 것 같이
드러나느니라 (히브리서 4:12-13)

하나님의 말씀은
살아 있고 활력이
있어 좌우에 …

찔러 쪼개기까지
하며 또 마음의
생각과 뜻을 …

우리의 결산을
받으실 이의 눈
앞에 만물이 …

말씀 그리기

_____

_____

_____

말씀을 끊어서 분리하고 중얼중얼하기

조금 나아가사 / 얼굴을 땅에 대시고 / 엎드려 / 기도하여 이르시되 / 내 아버지여 만일 할 만하시거든 / 이 잔을 내게서 지나가게 하옵소서 / 그러나 나의 원대로 마시옵고 / 아버지의 원대로 하옵소서 하시고 (마태복음 26:39)

조금 나아가사
얼굴을 땅에
대시고 엎드려
기도하여

이르시되
내 아버지여 만일
할 만하시거든
이 잔을 내게서 …

그러나 나의
원대로 마시옵고
아버지의 원대로
하옵소서 하시고

말씀 그리기

_____

_____

_____

내가 네게 명령한 것이 아니냐 / 강하고 담대하라 / 두려워하지 말며 /
놀라지 말라 / 네가 어디로 가든지 / 네 하나님 여호와가 / 너와 함께
하느니라 하시니라 (여호수아 1:9)

내가 네게 명령한
것이 아니냐
강하고 담대하라

두려워하지 말며
놀라지 말라 네가
어디로 가든지

네 하나님
여호와가 너와
함께 하느니라
하시니라

말씀 그리기

_____

_____

_____

하나님의 말씀은
살아 있고 활력이
있어 좌우에 …
(히4:12-13)

조금 나아가사
얼굴을 땅에
대시고 엎드려 …
(마26:39)

내가 네게
명령한 것이 아니냐
강하고 담대하라 …
(수1:9)

28 판단과 결정과 책임
① 말씀으로 판단하라. ② 기도로 결정하라. ③ 하나님께서 책임진다.

_____

_____

_____

_____

_____

29 예수 그리스도의 사역 / 주소 그리기

마가복음 2:17 / 둘(2)이 하나(1) 친(7)밀
마태복음 11:28-29 / 일(1)생일(1)대 이(2)팔(8)청춘 구(9)원
마태복음 9:35-36 / 구(9)원의 삶(3) 오(5)늘 교육(6)

한마디로 정리하면
'둘이 하나 친밀은 일생일대 이팔청춘 구원과 구원의 삶, 오늘 교육에 있다'

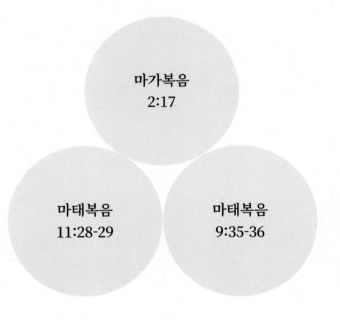

마가복음
2:17

마태복음
11:28-29

마태복음
9:35-36

주소 그리기

_____

_____

_____

말씀을 끊어서 분리하고 중얼중얼하기

예수께서 들으시고 / 그들에게 이르시되 / 건강한 자에게는 의사가 쓸 데 없고 / 병든 자에게라야 쓸 데 있느니라 / 나는 의인을 부르러 온 것이 아니요 / 죄인을 부르러 왔노라 하시니라 (마가복음 2:17)

예수께서 들으시고
그들에게 이르시되
건강한 자에게는

의사가 쓸 데
없고 병든
자에게라야 쓸 데
있느니라

나는 의인을
부르러 온 것이
아니요 죄인을
부르러 왔노라
하시니라

말씀 그리기

_____

_____

_____

수고하고 무거운 짐 진 자들아 / 다 내게로 오라 / 내가 너희를 쉬게 하리라 /
나는 마음이 온유하고 겸손하니 / 나의 멍에를 메고 내게 배우라 / 그리
하면 너희 마음이 쉼을 얻으리니 (마태복음 11:28-29)

수고하고 무거운
짐 진 자들아
다 내게로 오라

내가 너희를
쉬게 하리라 나는
마음이 온유하고
겸손하니

나의 멍에를
메고 내게 배우라
그리하면 너희 마음의
쉼을 얻으리니

말씀 그리기

_____

_____

_____

말씀을 끊어서 분리하고 중얼중얼하기

예수께서 모든 도시와 마을에 두루 다니사 / 그들의 회당에서 가르치시며 / 천국 복음을 전파하시며 / 모든 병과 모든 약한 것을 고치시니라 / 무리를 보시고 불쌍히 여기시니 / 이는 그들이 목자 없는 양과 같이 / 고생하며 기진함이라 (마태복음 9:35-36)

예수께서 모든
도시와 마을에
두루 다니사 …

천국 복음을
전파하시며 모든
병과 모든 약한 것을
고치시니라 …

이는 그들이
목자 없는 양과
같이 고생하며
기진함이라

말씀 그리기

예수께서 들으시고
그들에게 이르시되
건강한 자 …
(막2:17)

수고하고 무거운
짐 진 자들아
다 내게로 오라 …
(마11:28-29)

예수께서 모든
도시와 마을에
두루 다니사 …
(마9:35-36)

29 **예수 그리스도의 사역 (온유와 겸손과 긍휼)**

① 나는 죄인을 부르러 왔노라.
② 수고하고 무거운 짐 진 자들아 다 내게 오라.
③ 예수님의 3대 사역은 가르치고, 전파하고, 고치셨다.

_____

_____

_____

_____

_____

생생! 핵심편
성경그리기

발행일	2024년 3월 15일
발행인	이종구
저자	정문석
펴낸 곳	에스엔에스소통연구소
주소	서울시 종로구 대학로12길 63 석마빌딩 3층
출판등록	2012년 4월 17일(제 2020-000027호)
책 문의	02-747-3265
팩스	0504-249-6654
이메일	snsforyou@gmail.com

ISBN : 979-11-7046-262-0
값 12,000원